课本里的作家

课本里的作家

金波经典美文：第三辑

雨点儿

金 波 / 著

小学语文同步阅读
一年级
彩绘注音版

山东教育出版社
·济南·

图书在版编目（CIP）数据

金波经典美文.第三辑,雨点儿/金波著.— 济南:
山东教育出版社,2023.1（2023.3 重印）
（爱阅读·课本里的作家）
ISBN 978-7-5701-2435-0

Ⅰ.①金… Ⅱ.①金… Ⅲ.①阅读课—小学—教学参
考资料 Ⅳ.①G624.233

中国版本图书馆 CIP 数据核字（2022）第 244358 号

JIN BO JINGDIAN MEI WEN: DI-SAN JI YUDIANR

金波经典美文：第三辑　雨点儿

金　波　著

主管单位：山东出版传媒股份有限公司
出版发行：山东教育出版社
　　　　　地址：济南市市中区二环南路 2066 号 4 区 1 号　邮编：250003
　　　　　电话：（0531）82092600　　　　网址：www.sjs.com.cn
印　　刷：天津泰宇印务有限公司
版　　次：2023 年 1 月第 1 版
印　　次：2023 年 3 月第 2 次印刷
开　　本：700 mm×1000 mm　1/16
印　　张：8
字　　数：50 千
定　　价：28.80 元

（如印装质量有问题，请与印刷厂联系调换）
印厂电话：022-29649190

总序

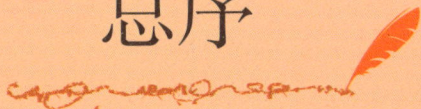

北京书香文雅图书文化有限公司的李继勇先生与我联系，说他们策划了一套《爱阅读·课本里的作家》丛书，读者对象主要是中小学生，可以作为学生的课外阅读用书，希望我写篇序。作为一名语文教育工作者，在中共中央办公厅、国务院办公厅印发《关于进一步减轻义务教育阶段学生作业负担和校外培训负担的意见》（以下简称"双减"）的大背景下，为学生推荐这套优秀课外读物责无旁贷，也更有意义。

一、"双减"以后怎么办？

"双减"政策对义务教育阶段学生的作业和校外培训作出严格规定。我认为这是一件好事。曾几何时，我们的中小学生作业负担重，不少学生不是在各种各样的培训班里，就是在去培训班的路上。学生"学"无宁日，备尝艰辛；家长们焦虑不安，苦不堪言。校外培训机构为了增强吸引力，到处挖掘优秀教师资源，有些老师受利益驱使，不能安心从教。他们的行为破坏了教育生态，违背了教育规律，严重影响了我国教育改革发展。教育是什么？教育是唤醒，是点燃，是激发。而校外培训的噱头仅仅是提高考试成绩，让学生在中高考中占得先机。他们的广告词是"提高一分，干掉千人"，大肆渲染"分数为王"，在这种压力之下，学生面对的是"分萧萧兮题海寒"，不得不深陷题海，机械刷题。假如只有一部分学生上培训班，提高的可能是分数。但是，如果大多数学生或者所有学生都去上培训班，那提高的就不是分数，而只是分数线。教育的根本任务是立德树人，是培根铸魂，是启智增慧，是让学生的德智体美劳全面发展，是培养社会主义建设者和接班人，是为中华民族伟大复兴提供人才，而不是培养只会考试的"机器"，更不能被资本所"绑架"。所以中央才"出重拳""放实招"，目的就是要减轻学生过重的课业负担，减轻家长过重的经济和精神负担。

"双减"政策出台后，学生们一片欢呼，再也不用在各种培训班之间来回奔波了，但家长产生了新的焦虑：孩子学习成绩怎么办？而对学校老师来说，这是一个新挑战、新任务，当然也是新机遇。学生在校时间增加，要求老师提升教学水平，科学合理布置作业，同时开展课外延伸服务，事实上是老师陪伴学生的时间增加了。这部分在校时间怎么安排？如何让学生利用好课外时间？这一切考验着老师们的智慧。而开展各种课外活动正好可以解决这个难题。比如：热爱人文的，可以开展阅读写作、演讲辩论，学习传统文化和民风民俗等社团活动；喜爱数理的，可以组织科普科幻、实验研究、统计测量、天文观测等兴趣小组；也可以开展体育比赛、艺术体验（音乐、美术、书法、戏剧……）和劳动教育等实践活动。当然，所有的活动都应以培养学生的兴趣爱好为目的，以自愿参加为前提。学校开展课后服务，可以多方面拓展资源，比如博物馆、图书馆、科技馆、陈列馆、少年宫、青少年活动中心，甚至校外培训机构的优质服务资源，还可组织征文比赛、志愿服务、社会调查等，助力学生全面发展。

二、课外阅读新机遇

近年来，新课标、新教材、新高考成为语文教育改革的热词。我曾经看到一个视频，说语文在中高考中的地位提高了，难度也加大了。这种说法有一定道理，但并不准确。说它有一定道理，是因为语文能力主要指一个人的阅读和写作能力，而阅读和写作能力又是一个人综合素养的体现。语文能力强，有助于学习别的学科。比如数学、物理中的应用题，如果阅读能力上不去，读不懂题干，便不能准确把握解题要领，也就没法准确答题；英语中的英译汉、汉译英题更是考查学生的语言表达能力；历史题和政治题往往是给一段材料，让学生去分析、判断，得出结论，并表述自己的观点或看法。从这点来说，语文在中高考中的地位提高有一定道理。说它不准确，有两个方面的理由：一是语文学科本来就重要，不是现在才变得重要，之所以产生这种错觉，是因为在应试教育的背景下，语文的重要性被弱化了；二是语文考试的难度并没有增加，增加的只是阅读思维的宽度和广度，考查的是阅读理解、信息筛选、应用写作、语言表达、批判性思维、辩证思维等关键能力。可以说，真正的素质教育必须重视语文，因为语文是工具，是基础。不少家长和教师认为课外阅读浪费学习时间，这主要是教育观念问题。他们之所以有这种想法，无非是认为考试才是最终目的，希望孩子可以把更多时间用在刷题上。他们只看到课标和教材的变化，以为考试还是过去那一套，其实，考试评价已发生深刻变革。目前，考试评价改革与新课标、新教材改革是同向同行的，都是围绕立德树人做文章。中共中央、国务院印发的《深化新时代教育评价改革总体方案》明确指出："稳步推进中高考改革，构建引导学生德智体美劳全面发展的考试内容体系，改变相对固化的试题形式，增强试题开放性，减少死记硬背和'机械刷题'现象。"显然就是要用中高考"指挥棒"引领素质教育。新高考招生录取强调"两依据，一参考"，即以高考成绩和高中学业水平考试成绩为依据，以综合素质评价为参考。这也就是说，高考成绩不再是高校选拔新生的唯一标准，不只看谁考的分数高，而是看谁更有发展潜力、更有创造性，综合素质更高，从而实现由"招分"向"招人"的转变。而这绝不是仅凭一张高考试卷能够区分出来的，"机械刷题"无助于全面发展，必须在课内学习的基础上，辅之以内容广泛的课外阅读，才能全面提高综合素养。

三、"爱阅读"助力成长

这套《爱阅读·课本里的作家》丛书是为中小学生读者量身打造的，符合《义务教育语文课程标准》倡导的"好读书、读好书、读整本的书"的课改理念，可以作为学生课内学习的有益补充。我一向认为，要学好语文，一要读好三本书，二要写好两篇文，三要养成四个好习惯。三本书指"有字之书""无字之书""心灵之书"，两篇文指"规矩文"和"放胆文"，四个好习惯指享受阅读的习惯、善于思考的习惯、乐于表达的习惯和自主学习的习惯。古人说"读万卷书，行万里路"，实际上就是要处理好读书与实践的关系。对于中小学生来说，读书首先是读好"有字之书"。"有字之书"，有课本，有课外自读课本，还有"爱阅读"这样的课外读物。读书时我们不能眉毛胡子一把抓，要区分不同的书，采取不同的读法。一般说来，读法有精读，有略读。精读需要字斟句酌，需要咬文嚼字，但费时费力。当然也不是所有的书都需要精读，可以根据自己的需要决定精读还是略读。新课标提倡中小学生进行整本书阅读，但是学生往往不能耐着性子读完一整本书。新课标提倡的整本书阅读，主要是针对过去的单篇教学来说的，并不是说每本书都要从头读到尾。教材设计的练习项目也是有弹性的、可选择的，不可能有统一的"阅读计划"。我的建议是，整本书阅读应把精读、略读与浏览结合起来，精读重在示范，略读重在博览，浏览略观大意即可，三者相辅相成，不宜偏于一隅。不仅如此，学生还可以把阅读与写作、读书与实践、课内与课外结合起来。整本书阅读重在掌握阅读方法，拓展阅读视野，培养读书兴趣，养成阅读习惯。

再说写好两篇文。学生读得多了，素养提高了，自然有话想说，有自己的观点和看法要发表。发表的形式可以是口头的，也可以是书面的，书面表达就是写作。写好两篇文，一篇规矩文，一篇放胆文。规矩文重打基础，放胆文更见才气。规矩文要求练好写作基本功，包括审题、立意、选材、构思等，同时还要掌握记叙文、议论文、说明文、应用文的基本要领和写作规范。规矩文的写作要在教师的指导下进行。放胆文则鼓励学生放飞自我、大胆想象，各呈创意、各展所长，尤其是展现自己的写作能力、语言表达能力、批判性思维能力和辩证思维能力。放胆文的写作可以多种多样，除了大作文，也可以写小作文。有兴趣的学生还可以进行文学创作，写诗歌、小说、散文、剧本等。

学习语文还要养成四个好习惯。第一，享受阅读的习惯。爱阅读非常重要，每个同学都应该有自己的个性化书单。有的同学喜欢网络小说也没有关系，但需要防止沉迷其中，钻进"死胡同"。这套《爱阅读·课本里的作家》丛书，给中小学生课外阅读提供了大量古今中外的名家名作。第二，善于思考的习惯。在这个大众创业、万众创新的时代，创新人才的标准，已不再是把已有的知识烂熟于心，而是能够独立思考，敢于质疑，能够自己去发现问题、提出问题和解决问题，需要具有探究质疑能力、独立思考能力、批判性思维和辩证思维能力。第三，乐于表达的习惯。表达的乐趣在于说或写的过程，这个过程比说得好、写得完美更重要。写作形式可以不拘一格，比如作文、日记、笔记、随笔、漫画等。第四，自主学习的习惯。我的地盘我做主，我的语文我做主。不是为老师学，也不是为父母长辈学，而是为自己的精神成长学，为自己的未来学。

愿广大中小学生能借助这套《爱阅读·课本里的作家》丛书，真正爱上阅读，插上想象的翅膀，飞向未来的广阔天地！

目录

我爱读课文

课本作家作品

我爱
读课文

原文赏读

yǔ diǎnr
雨点儿 ①

　　shǔ bù qīng de yǔ diǎnr　　cóng yún cai lǐ piāo luò
　　数不清的雨点儿，从云彩里飘落
xià lái
下来。

　　bàn kōng zhōng　　dà yǔ diǎnr　　wèn xiǎo yǔ diǎnr
　　半空中，大雨点儿问小雨点儿：
nǐ yào dào nǎ lǐ qù
"你要到哪里去？"

　　xiǎo yǔ diǎnr　　huí dá　　wǒ yào qù yǒu huā yǒu cǎo de dì
　　小雨点儿回答："我要去有花有草的地
fang　　nǐ ne
方。你呢？"

　　dà yǔ diǎnr　　shuō　　wǒ yào qù méi yǒu huā méi yǒu cǎo
　　大雨点儿说："我要去没有花没有草
de dì fang
的地方。"

　　bù jiǔ　　yǒu huā yǒu cǎo de dì fang　　huā gèng hóng le
　　不久，有花有草的地方，花更红了，
cǎo gèng lǜ le　　méi yǒu huā méi yǒu cǎo de dì fang　　kāi chū le
草更绿了。没有花没有草的地方，开出了
hóng de huā　　zhǎng chū le lǜ de cǎo
红的花，长出了绿的草。

————————

① 本篇篇名作为书名时有改动。

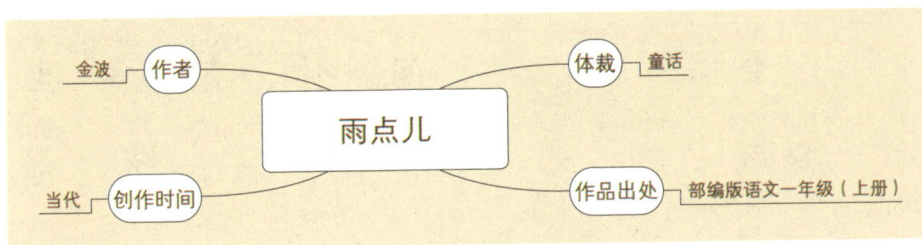

金波 — 作者		体裁 — 童话	

雨点儿

当代 — 创作时间 　　作品出处 — 部编版语文一年级（上册）

作品赏析

běn piān tóng huà yòng duì huà de fāng shì jiǎng shù le dà yǔ
本篇童话用对话的方式讲述了大雨

diǎnr hé xiǎo yǔ diǎnr de bù tóng xuǎn zé xiǎo yǔ diǎnr ràng
点儿和小雨点儿的不同选择。小雨点儿让

huā gèng hóng le cǎo gèng lǜ le dà yǔ diǎnr ràng méi yǒu
花更红了，草更绿了；大雨点儿让没有

huā cǎo de dì fang kāi chū le měi lì de huā zhǎng chū le nèn lǜ
花草的地方开出了美丽的花，长出了嫩绿

de cǎo kè wén ràng wǒ men zhī dào le yǔ shuǐ yǔ wàn wù shēng
的草。课文让我们知道了雨水与万物生

zhǎng yǒu zhe mì qiè de guān xi yǒu le yǔ shuǐ de zī rùn cái
长有着密切的关系，有了雨水的滋润，才

yǒu cǎo zhǎng huā kāi de piào liang jǐng xiàng
有草长花开的漂亮景象。

我要学习

1. 会写"从、半、问、你、有"等生字,会认"数、彩、空、到、方、绿"等生字,读准多音字"数、长"。

2. 正确且有感情地朗读课文,并分角色朗读对话部分。

3. 读懂课文,体会雨点儿带给世间万物的美好变化。

生字表析

会写的字

cóng 从	部首	笔画	结构	造字	组词
	人	4	左右	会意	从来　从头
辨字	丛(丛林　草丛)				
字义	1.依顺。2.跟随。3.由,自。4.起于。				
造句	我从小就喜欢跳舞。				

bàn 半	部首	笔画	结构	造字	组词
	丶	5	独体	会意	半个　一半
辨字	伴（陪伴　伙伴）				
字义	1.在……中间。2.二分之一。				
造句	这个苹果太大了，我们一人一半吧。				

wèn 问	部首	笔画	结构	造字	组词
	门	6	半包围	形声	问号　提问
辨字	闪（闪电　闪亮）				
字义	有不知道或不明白的事情或道理请人解答。				
造句	我有一个奇怪的问题想问妈妈。				

nǐ 你	部首	笔画	结构	造字	组词
	亻	7	左右	形声	你们　你好
辨字	他（他们　他人）				
字义	代词，指称对方。				
造句	你要相信自己一定可以成功。				

yǒu 有	部首	笔画	结构	造字	组词
	月	6	半包围	象形	有人　只有
辨字	友（好友　朋友）				
字义	表示领有，跟"无""没"相对。				
造句	我有一个漂亮的文具盒。				

会认的字

shǔ 数	组词
	数一数二 数得上

cǎi 彩	组词
	云彩 彩色

kōng 空	组词
	空中 天空

dào 到	组词
	到达 到处

fāng 方	组词
	方向 方法

lǜ 绿	组词
	绿色 绿叶

知识乐园

一、看拼音，写词语。

wèn

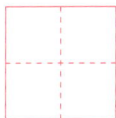 号

bàn

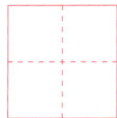 空

cóng

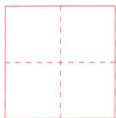 来

nǐ

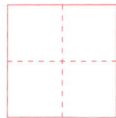 好

二、辨字组词。

从（　　　）　　云（　　　）　　问（　　　）

丛（　　　）　　去（　　　）　　间（　　　）

三、照样子，写一写。

1. 有（花）有（草）

   有（　　）有（　　）

   有（　　）有（　　）

2. 数不清的雨点儿

   数不清的（　　　　）

   数不清的（　　　　）

3.（有花有草）的地方

   （　　　　）的地方

   （　　　　）的地方

课本作家
作品

雨夜的遐想

我喜欢一个人在深夜，静听窗外的雨声。那时候，我的心是宁静的，像无风的春水，荡不起一点儿涟漪。

在雨声中，我的心听见了众多的声音，我喜欢和它们交谈。

我可以想象，窗外雨中的世界该是多么生机勃勃，大自然中的一切该是多么惬意。花草树木承受着雨滴的滋润。行人撑着一把伞，在雨的交响乐中走向目的地，雨给他们增添了情趣。

我觉得雨声是这人世间最动听的音乐。在这乐声中，我想起了多少雨中的往事，一切都被这雨声唤醒了，犹如雨滴洗净花朵和绿叶上的尘埃，露出了它们鲜艳的色彩。

我想起，我是躺在摇篮里的孩子，雨声如同母亲催眠的摇篮曲。我只感到一种宁静的温馨，而后渐渐沉入梦乡。

我想起，我们是被雨阻隔在山上的一片松林中。树叶遮挡不住雨滴，衣服被淋湿了，头发也被淋湿了。然而，我们像那一棵棵树，在雨中发了新芽，长了新叶。

我想起，我就是那撑着一把雨伞的行人。我不想急急忙忙地赶路，我只是一个在雨中漫步的人。

就这样，在夜深人静的时候，我躺在床上倾听着雨声。我走进了一个自由的世界，我和自己在交谈。

雨没有停

雨没有停。

我冒雨行路，另有一番情致。我望着雨中那一排排街树，一幢幢楼房，一盏盏昏黄的灯。

雨越下越大，我倾听着自己的足音。

雨中的行人很少，但我不感到孤单，因为我看到了雨夜里昏黄的灯光。

当雨水轻轻滴落在我的睫毛上，我忽然看见满街的灯光幻化成彩色的虹，又像开放出五颜六色的花朵。

街道被雨水洗淋得像面镜子，映照着雨中行人的脚步。我走得很慢。我希望每一颗雨滴都为我唱一支歌。在这雨夜里，我希望听到众多的雨滴的合唱。我觉得我听得懂这雨的乐曲。我也愿意用雨听得懂的语言和它们交谈。

在哪一扇窗前，哪一盏灯下，有人伫立在那儿望着我雨中的身影呢？

雨，浇得小草更绿了，小树长高了一分。我知道，明天花儿会开放。

我不知道，我心中的歌，在雨中能不能飞得很远很远。也许那歌声的翅膀被雨水打湿了。

13

小雨的悄悄话

我喜欢倾听小雨的悄悄话。我愿意变成雨中的树。

我张开每一片绿叶，雨滴就会轻轻敲响我的叶子，发出滴滴答答的响声。

我开放无数朵小花，雨滴就会轻轻地跳进我的花蕊，发出叮叮咚咚的响声。

xiǎo yǔ pāi xiǎng wǒ lǜ sè de shǒu zhǎng　　zhēn mǎn wǒ cǎi
小雨拍响我绿色的手掌，斟满我彩

sè de jiǔ bēi　　kāi shǐ gěi wǒ jiǎng chūn tiān de gù shi
色的酒杯，开始给我讲春天的故事。

xiǎo yǔ qiāo qiāo de duì wǒ shuō　　zhǎng ba　　xiǎo shù
小雨悄悄地对我说："长吧，小树，

zhǎng chū lǜ lǜ de yè zi　　kāi fàng xiāng xiāng de huā duǒ　　jiē chū
长出绿绿的叶子，开放香香的花朵，结出

tián tián de guǒ shí
甜甜的果实。"

wǒ ài chūn tiān de xiǎo yǔ　　wǒ xǐ huan tīng tā jiǎng de měi
我爱春天的小雨，我喜欢听它讲的每

yí jù qiāo qiāo huà
一句悄悄话。

xiǎo yǔ de qiāo qiāo huà　　shì qīng qīng de　　shì róu róu
小雨的悄悄话，是轻轻的，是柔柔

de　　yě shì xiāng xiāng de　　tián tián de
的，也是香香的、甜甜的。

春水

其实在小草返青、燕子北归以前，春天就来了。

你去看水。

春天来临的标志是水。水是春天的影子。

我看见小河变得清清亮亮。我总觉得所有的小河都很高兴，它们开始笑了，笑得很甜美。

我还记得不久前，小河被寒冷冻结着，失去了活力，变得沉默不语。

小河在忍耐中等待着春天。

小河是最早感受到春天的。河面上的冰变得松软了，慢慢融化了。水不再是冰。

我们叫它春水。

水的心中有一个春天。因此，它总是最早知道，春天确实来了。

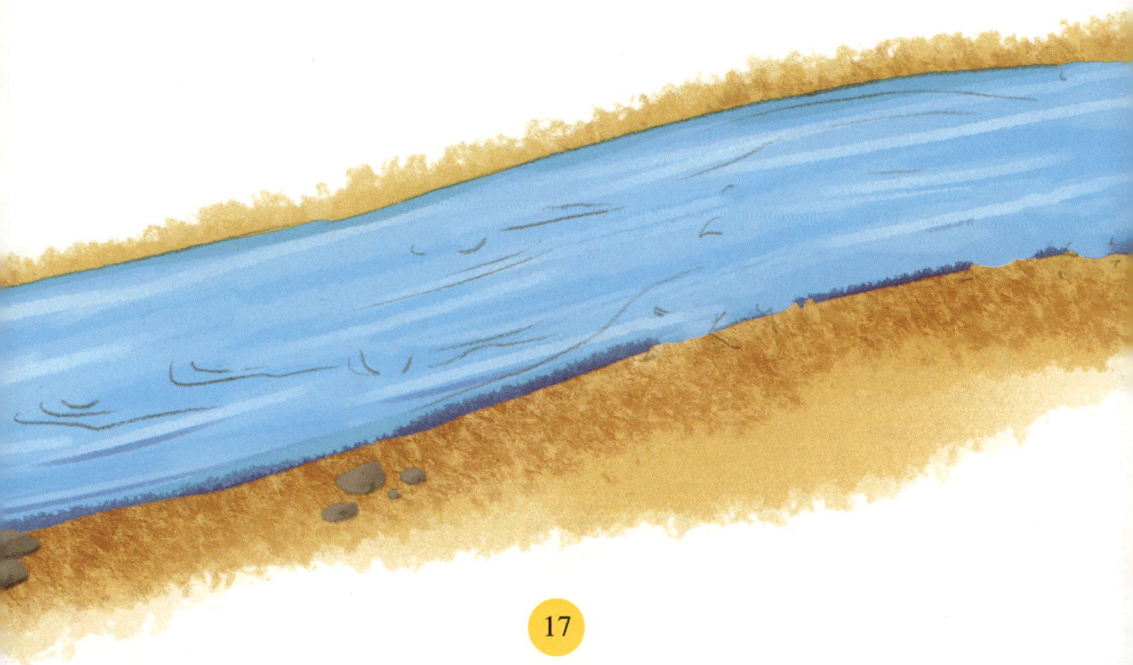

晚霞

晚上放学的时候，老师送我们到校门口。

望一眼西天的晚霞，我们和老师都赞不绝口地说："看，晚霞，多么美！"多少晚归的人也都停下脚步观赏着。

晚霞像一幅宽大无比的彩锦，正在扩展着、扩展着，映衬着这个世界。

晚霞中，老师的脸是美丽的。

我们和老师都站在晚霞中，染上了绚丽的色彩，每个人都变得容光焕发、光彩夺目；那楼房、树木、大街小巷，都流光溢彩。世界竟变得这样富丽堂皇。

晚霞中，老师的笑是最美丽的。

暮鸦归巢了，许多小同学也都回家吃

晚饭了。天渐渐黑了。我们和老师一起目送着晚霞渐渐消散。

不知为什么，我突然这样想：如果此刻，在这世界上，只有我一个人，我会发现这晚霞的美丽吗？

如果只有我一个人，无论白天的鲜花多么艳丽，阳光多么明媚，晚霞多么迷人，星光多么灿烂，我一个人面对着它们，都不会发现它们的美。

只有当人们，当我们和老师置身于这世界，它才变得美丽。当晚霞照耀着我们和老师，我们都变得美丽了；当我们和老师在一起欣赏着晚霞的时候，晚霞也才变得美丽。

我的想法多么奇怪呀，可是当我把这些告诉大家的时候，无论是老师，还是同学，他们都赞同我的话。

采蘑菇

下过一阵雨，我们挎上小竹篮，去树林里采蘑菇。

我们分散开，各采各的，有一阵阵欢歌笑语，让我们知道每个人都采了不少蘑菇啦！

当我们走出树林，互相比一比，
看谁采得多，我们才发现，小妹妹
采了许多彩色的蘑菇，那是有毒的蘑
菇啊！

小妹妹哭了，她把有毒的蘑菇都
扔掉了。

我们每个人都送她一些又白又
胖的大蘑菇。

小妹妹又笑了，她也装满了一
篮子蘑菇啦！

妈妈的手

这是我第一次认真端详着妈妈的这双手。

为什么我以前从没注意到呢？

为什么当她为我做甜甜的糕饼的时候，我没注意到呢？我只是被那甜甜的糕饼吸引着，津津有味地吃着。

为什么当她为我采摘下一朵蒲公英，并把它别在我的衣襟上的时候，我没注意到呢？我只是奔跑着，把它的小伞撒落在山野上。

为什么当她轻轻抚拍着我入睡的时候，我没注意到呢？我只是被她温柔的催眠曲陶醉，渐渐地进入梦乡。

而此刻，当她为我赶缝一件冬衣，手指被针刺出了血，我拿过她的手吸吮着那红红的血滴的时候，我才真正地发现了妈妈的这双手啊！

啊，这双手蕴藏着多少力量啊！在冷彻肌骨的冰水里浸泡过，在炎炎的赤日下曝晒过，在岁月的磨砺中，她的手指变硬了，皮肤变得粗糙了。

然而，她为别人缝制过多少件衣服，做过多少次饭菜啊！她为多少老人抚平额上的皱纹，又为多少孩子擦去面颊上的泪水啊！

我把脸深深地埋在她这双有力而又温暖的手中……

夏　夜

夏天，炎热的夜晚。

知了渴得叫哑了嗓子，星星跳进了水塘里。没有一丝风，柳条儿一动不动。

我躺着，热得睡不着。

妈妈又拿起那把圆圆的大蒲扇，一下，又一下，不停地为我扇着、扇着。

我感到了凉爽的风，我闭上了眼睛。知了的叫声渐渐远去，星星又回到了夜空；我似乎还看见微风吹得一丝柳条儿荡来荡去。

忽然，我被惊醒了，扇子从妈妈的手中落下来，她困得睡着了。

我叫嚷着："热，热！"

妈妈立刻醒来，抱歉地向我一笑，又拾起扇子，为我一下、又一下地扇着，扇着。

那凉爽的风却扇走了我的睡意，我再也睡不着了。

我一动不动地躺着，装作睡得很香很甜的样子。

妈妈的扇子又一次从她的手中掉下来。但这次我不想惊动她。直到我听见她轻匀的呼吸声，我才渐渐入睡。

我睡在妈妈的睡梦里，那里是一片恬静而凉爽的天地。

爸 爸

妈妈牵着我的手，在熙熙攘攘的人群里走着。

我听见一个孩子用清脆的嗓音叫着爸爸。

我被那甜美而陌生的声音吸引着。要知道，从我的嘴里，还从没有这样呼唤过爸爸呀，他在我很小很小的时候，就到远方去了。

我望着那个孩子，他搂着爸爸的脖子，凑在他的耳边，小声地说着什么。

他的爸爸笑了，然后给他买了一串糖葫芦。

我真有些嫉妒那个孩子。我扭过头去，

赶忙去追赶走在前面的妈妈。我拽了拽妈妈的手，小声地问："我的爸爸长得是什么样子呢？"妈妈停下脚步，凝视着我。对于我这突如其来的问题，她竟不知道该怎么回答。

"是那样子吗？"我指着一个戴眼镜、样子像老师的人，这样问着。

"有些像，但又不像他那样瘦弱。"妈妈望着那个人，这样回答我。

"是那样的吗？"我又指着另一个健壮的人，这样问着。

"也有些像，但没有他那么多胡子。"

一路上，我就这样一次一次地问着。

那一天，虽然没有找到一个像我爸爸的人，但我觉得，妈妈已告诉了我，爸爸是什么样子了。

在那面墙上

就在小镇的那面墙上，张贴着我的作文，那篇比赛获奖的作文，题目就是《我的妈妈》。

我多么高兴，每当我走过那面墙，就会情不自禁地停下脚步，多望它几眼。

我还会侧耳听一听同学和老师，还有过往行人的交谈。当我听到他们谈起我那篇作文的时候，就止不住地心跳，我多么想听听他们夸奖的话啊！

我并不想告诉他们，这篇作文就是我写的。他们不认识我，却能说出夸奖的话，那才是最真实的话呢！但我最大的愿望，是妈妈能来到这面墙的前面，忽然发现了她的孩子的作文贴到了墙上，而且那是一篇写妈妈的获奖的作文！

可是，我并不想去告诉妈妈。我想，如果她意外地发现了这篇作文，才会得到最大的快乐。

谁知道那天刮了一夜大风，把墙上的作文刮跑了。第二天清晨，我难过地在墙跟前站了很久很久……晚上，我告诉了妈妈我的作文获奖的事。

妈妈让我带她去看看。我告诉她，大风刮跑了我的作文。

妈妈望着我难过的神情，安慰我说："你长大了会写得更好。"

啊，那时候，我多么希望快快长大啊！

献给母亲的康乃馨

母亲，这一天，我要献给您一束康乃馨。

母亲，永远是我心灵的依傍。

当我还躺在摇篮里的时候，就仰视您的微笑，如望见晴空里的阳光。

在您的臂弯里，听您吟哦童谣，如潺潺春水，从记忆中的昨天流到今天。

孩提时代，有您的双手引领我步入人生。

是母亲第一个让我体验到，这个世界，是个有情的世界。

母爱，是人世间的乳汁。

母亲以无言的爱消释了一生的劳顿、忧患。但在我们面前，永远展现欢颜。

30

母爱伴我一生。即使我已大步走向漫漫旅途，也永远感受到背后的目光。

每个人只有一位真正的母亲。她的爱永远在我们的血管里流淌。从母爱里，我学会了回报。

母爱，使我从幼稚走向成熟，又从成熟走向纯真。

为了这一切，这一天，我要献给您一束康乃馨，我的母亲。

梦中的康乃馨

我经常梦见后园里开满了康乃馨，

春夏之交，开得尤其明丽灿烂。

蜜蜂每天飞来，嘤嘤嗡嗡唱着花的颂歌。

蝴蝶是沉默的，落在花蕊上，就变成了一本小小的画册，一开一合，翻动着书页，好像是专为花儿阅读的。

我还梦见母亲从花丛里走来。

秋天来了,树木凋零,黄叶纷飞。然而,我仍是经常梦见后园里盛开着康乃馨,它们变成了清一色的白颜色。

不见了蜜蜂和蝴蝶,康乃馨有些寂寞吧!

母亲仍站在花丛里。她说,她来看望她手植的康乃馨。

母亲一走进花丛,那些花儿就手舞足蹈,就像见了亲人。

我的母亲也是康乃馨的母亲。

当窗外飘起雪花的时候,我仍常常梦见康乃馨,那花朵是清一色的火红色。

我看见梦中的自己,我还是一个孩子。我满身披着雪花。我站成了一个雪人。

我在等待着我的母亲。

然而，她没有来。

我已经站成了一个雪人，母亲仍没有来。

我忽然想起，母亲就是在下雪的日子里走的。她永远地走了，不再回来。

然而，这满园的红色的康乃馨不仅不会凋谢，而且会散发着温暖的气息。雪花落在花瓣上，就融化成了亮亮的露珠。

我满身披着雪花，并不感到冷，因为我在等待着母亲。

梦醒了。我看见母亲遗像前的康乃馨盛开着，有粉色、白色、红色……

母亲透过花丛，向我微笑着。

窗外又飘起了雪花。

春 雨

小雨滴是蹦蹦跳跳地来到大地上的。

它敲敲树枝，树枝上就冒出了绿芭；绿芭变成绿叶像小巴掌，在为鸟儿唱歌、鼓掌。

它敲敲大山，山上长出了小草；草上挂满了雨珠儿，好像睁着明亮的眼睛。

它敲敲我家花园里的迎春花，迎春花就开了；它吹起了金色的小喇叭，欢迎春天来到了我家。

照镜子

镜子里映出了我和妈妈的脸：我在哭，她在笑。

那是因为我在客人面前唱一首歌的时候，竟忘记了唱词。我窘极了。而后我又受到了小伙伴的讪笑。于是我跑出了房门，伏在台阶上哭起来。

妈妈跟了出来，把我抱到镜子前面。

我望着镜子，好像第一次发现，我的妈妈是这样年轻、美丽而温柔。她的眼睛闪着光，她微笑着，像一朵花。

我把脸贴在她的脸上。

两张脸映在镜子里：我在哭，她在笑。

我流泪的眼睛暗淡无光，像两泓清亮的泉水变得浑浊了；花一样的脸，罩上了一层灰蒙蒙的雾。

我闭上了眼睛，不愿看镜子里那个爱哭的孩子。

"孩子在笑的时候，才像一朵花。你看，哭有多么难看！"妈妈的话又让我睁开了眼睛。

我笑了，妈妈也笑了。

从那镜子里，我第一次认识了妈妈。

从那镜子里，从妈妈的笑脸上，我记住了：我永远不该懦弱地哭泣。

雪　地

天亮得似乎比平日更早。

我走出家门。我发现，下雪了——今年冬天的第一场雪。

我家门前的雪地上，已经印满了歪歪斜斜的脚印。那些脚印，一会儿会合，一会儿又分离；一会儿消失了，一会儿又显现了。

我走向郊外，那里的脚印越来越少了。

我走进冬天的树林。我发现这里还不曾留下一个脚印，甚至连乌鸦的爪子印儿也找不到。

我为自己是第一个在雪天走进树林的人感到高兴，感到幸福，甚至感到自豪。

shì yīn wèi wǒ gěi měi yì kē shù dài lái le zǎo chen de wèn
是因为我给每一棵树带来了早晨的问
hòu　　shì yīn wèi wǒ shì zhè lín zhōng dì　yī　gè tīng jiàn xiǎo niǎo
候，是因为我是这林中第一个听见小鸟
chàng gē de rén　　hái shi yīn wèi wǒ yǒng yuǎn shì zǎo chen de péng
唱歌的人，还是因为我永远是早晨的朋
you　wú lùn tiān duō me lěng　nǎ pà xià zhe xuě　wǒ hái shi dì
友？无论天多么冷，哪怕下着雪，我还是第
yī gè lái kàn wàng zhè dōng tiān de shù lín
一个来看望这冬天的树林。

ā　　zǎo ān　dōng tiān de shù
啊，早安，冬天的树！

童谣

我和你一样，喜欢听小鸟在树林里婉转鸣啼，喜欢听蟋蟀在草丛里振翅弹琴。

可是，我更喜欢听妈妈为我诵唱童谣。

那童谣是她小时候，从她的妈妈那儿学会的，她一直牢牢地铭记在心上。

她珍藏了二十多年，她知道将来会有那么一天，她要唱给一个孩子听；她知道那个孩子一定很喜欢听，孩子会静静地依偎在她的身边，仰着小脸听。

此刻，我就是那样听着、听着。

当妈妈为我诵唱童谣的时候，如果是在清晨，那些小鸟就不再叽叽喳喳地唱了；如果是在夜晚，那些蟋蟀也不再嚯嚯

曲曲地弹琴了，它们都安安静静地和我一起
倾听着、倾听着。

妈妈教我的童谣，是开启生活大门的
钥匙，它在我面前展现了绚丽多彩的世
界；它又是我心灵的翅膀，让我开始了人
生最早的飞翔。

童谣永远活在人们的记忆里，它是古
老的，又是永远年轻的。

它像一条永不干涸的小河，从妈妈的
心里流进我的心里。

迎着落日夕照

迎着落日夕照，顶着凛冽寒风，我还是决定去公园散步。

公园里，人很少，不多的几个人，也是坚持锻炼的人。

天很冷，我真担心感冒，想中途就折回。但想到每次都是绕湖走一圈，今天却因风大天寒而退缩，便有些惭愧自己缺乏毅力了。

我先是跟在一个年轻人的身后，亦步亦趋地快步走起来。我在想，只要我能紧紧跟着他前行，我就会保持住原有的速度。

他穿着一件很时尚的毛衣，浅灰、

深绿、鹅黄规则地排列在一起，让他的背影充满了活力。

他在大步地走，我却要慢跑才能跟上他。但我一直没有落后，为此，我暗暗自喜。那年轻人也许是听见了身后的脚步声，便转过身来向我微微一笑，我也向他招招手。

也许因为他看到我是一个比他年长许多的人，便放慢了脚步，有意在等我。就这样，我紧紧跟随着他，已经绕湖走了半圈了。

忽然，他又一次放慢了脚步，没走几步，他索性停下来跟我说："我歇会儿，您慢慢走。"我继续前行。当我快要绕湖一周时，我听见身后传来脚步声。从那轻快的步履声中，我听得出来是年轻人追了上来。我也回眸向他一笑，然而他始终跟在我的身后，一直到绕湖一周。

月亮升起来了，满天是澄莹的月光。枯树的影子，更加清晰了。结冰的湖面，如镜子般反射着月光。

那一夜，我从内心深处感受到了一股力量。同时，我很感谢那个年轻人，他用他特有的方式，默默地给了我许多鼓励、许多体贴。

苦 涩

忘记了害的是什么病，也忘记了病痛，记得最清楚的是那难以下咽的苦药。

每吃一次药就哭一次。越哭，药就变得越苦；药越苦，就越想哭。

吃药成了让妈妈最发愁的事了。

她见我哭喊着不肯吃药，难过地说："真不如让我得了病啊！"

然而却有人吓唬我："不吃药，病就厉害了，还要开刀哩！"但我一端起药碗，就忍不住哭了。

还有人骗我："这药不苦，你尝尝看。"我只尝了一小口，就"哇"的一声哭了起来。妈妈端着药碗，告诉我说："这药是苦的，但妈妈不怕。"

说着，她先喝了一口，然后又咂咂嘴，向我轻松地一笑。

于是，我也接过药碗，一口气把药喝了下去。药的确是苦涩的。

但我也学妈妈那样，咂咂嘴，也向妈妈轻松地一笑。

布老虎

我永远也忘不了，妈妈坐在暖暖的炕上，一针一线地缝制着那些布老虎：虎鞋、虎帽、虎枕头、虎暖袖……它们从家乡外祖母的手中，一直传到妈妈的手中。

这些布老虎，从远古的神话中走来，从古歌谣中走来，从世世代代母亲们对于男儿寄予的期望中走来。

这些威武、古拙、憨态可掬的小生灵，就这样从妈妈的手中，走进了我的生活。

它们望着我，我望着它们，心中油然而生的，是一种对于古老而又年轻的美的探寻。

还有一种男儿所特有的、回报母爱的情怀。

布老虎永远温暖着我的童年。

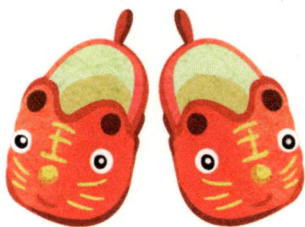

满屋子都是阳光

睁开眼睛，天已大亮。

满屋子都是阳光。

一切都变得亮闪闪的。我看见母亲坐在阳光里，她在为我缝补一件穿了几个春秋的衣褂。阳光照在她的白发上，闪着白的光，如一层洁白的雪。

满屋子都是阳光。

母亲站起来，为她摆放在窗台上的花浇水。那是一种普通的花。她已经养了几年了，从一棵小小的幼芽养起，养成了这一簇簇的花。她折过一些嫩枝送给邻居。现在邻家的窗台上也开满了这种普通的花。

满屋子都是阳光。

母亲坐下来，戴上老花镜，开始读当日的报纸。她读得很慢，很仔细。她一字一句地读出声音来，就像小学生读课本一样认真。

满屋子都是阳光。

51

母亲开始为一家人准备午饭了。从厨房里飘出香味来。当她听到门铃响起的时候，饭桌上已摆好了饭菜。她看着大家吃得很香，她喜上眉梢。

满屋子都是阳光。

母亲的每一天周而复始，变化不大。但在我们的心目中，每一天都是新的。我们都在成长。她的微笑也显得更加灿然，更加甜蜜。

有母亲的日子，每天的生活洁净得就像一张白纸。我们蘸着满屋子的阳光，描摹着母亲的身影。

热乎乎的鸡蛋

忘记了听谁说，小孩子吃了刚下的鸡蛋就会长胖。

那时候我真傻，竟相信这样的话。

于是，当邻居的老母鸡还在"咕咕哒""咕咕哒"地叫着的时候，我就从它的身边掏走了它的蛋。

啊！热乎乎的鸡蛋！

我磕开一个小口儿，和几个小伙伴津津有味地吸吮着、吸吮着。

你看看我，我看看你，好像我们在一刹那间都长胖了。

我们又跑又跳，又喊又叫。那只老母鸡用奇怪的目光望着我们。

第二天，当那只老母鸡又"咕咕哒""咕咕哒"地叫起来的时候，妈妈却捧出来一个鸡蛋，让我给邻居的老母鸡送去。

我是个聪明的孩子，从妈妈的目光里，我已经知道了该怎么做。

我无言地向老母鸡走去，心想：难道是它告了我的状？

我望一眼老母鸡，它卧在那儿，仍用奇怪的目光望着我。

小拐棍儿

xiǎo guǎi gùnr

wǒ hé yé ye bǐ sài pá shān
我和爷爷比赛爬山。

yé ye lǎo le　pá bú dòng　wǒ shuō　　yé ye　　wǒ
爷爷老了，爬不动。我说："爷爷，我

gěi nín zhǎo yì gēn guǎi gùnr　ba
给您找一根拐棍儿吧！"

shuō zhe　　wǒ zǒu xiàng yì kē shù　yé ye shuō　　bù
说着，我走向一棵树。爷爷说："不

xíng　bù xíng　bù néng zhé shù zhī ya　　wǒ xiàng sì zhōu kàn
行，不行，不能折树枝呀！"我向四周看

kan　jiǎn le　yì gēn xiǎo zhú gān　　kě zhú gān tài duǎn le　　yé
看，捡了一根小竹竿。可竹竿太短了，爷

ye bù néng yòng
爷不能用。

wǒ men jì xù pá shān　　yé ye zǒu bú dòng le　　zuò zài
我们继续爬山。爷爷走不动了，坐在

yí kuài shān shí shàng xiū xi
一块山石上休息。

wǒ zǒu dào yé ye gēn qián shuō　　yé ye　　ràng wǒ lái
我走到爷爷跟前说："爷爷，让我来

zuò nín de xiǎo guǎi gùnr　ba
做您的小拐棍儿吧！"

yé ye gāo xìng de fú zhe wǒ de jiān bǎng jì xù pá
爷爷高兴地扶着我的肩膀继续爬

shān　wǒ hé yé ye yì qǐ zǒu a zǒu　wǒ men tóng shí pá
山。我和爷爷一起走啊走，我们同时爬

dào le shān dǐng
到了山顶。

融入寂静

面对动听的声音：那歌声、风声、鸟鸣、水花飞溅的声音，我感受到了寂静，一种难得的心灵的寂静。

于是我听到了花朵开放的声音，听到了时光流逝的声音，在寂静中，我似乎理解了这个世界。

在寂静中，我在心中和自己默默地交谈。

默默地交谈就是回忆。

我回忆起母亲。以前有多少这样寂静的日子啊！母亲坐在屋子的一角，给她的小孙孙缝补一件旧的衣服。那是姑姑小时候穿过的，虽然已经很旧了，甚至补了补丁，但仍很干净。小孙孙穿了一年，裤腿就短了，她不得不放长裤腿，让他再穿一年。

母亲最喜欢静静地做这件事。快乐往往在寂静中才能体会得更深。

在大自然中，我融入了寂静。我喜欢听微风中簌簌的树叶声。

夏天的日子，那树叶声是喧哗热闹的，如同无数的叶子在大声地交谈着。

当秋天来临，我注意到树叶声是脆裂窸窣的，带着一种悲悲切切的声音，好像在话别，在叮咛。

在寂静中，我很容易融入梦境。其实那是一种最适合思考的境界。

我思考如何走过了童年。我思考什么是真正的童年。如果再给我一次童年，我该如何规划。

我就是沿着这个思路穿越时间隧道，看见了那个瘦弱的少年。我看见他依偎着母亲，倾诉着心中的委屈。

母亲的咳嗽声，打破了寂静。她老了，我走过了童年、少年、青年……

时间就是在寂静中慢慢流逝的。寂静中的这种感觉，常常让我若有所失，却又无可奈何。

但寂静也让我感到充实。我们彼此也融为一体。

美好动听的声音，正是让我们的心灵感受寂静的艺术。

今天是我的生日

今天是我的生日。

一早，爸爸妈妈就对我说："祝你生日快乐！"

来到学校，我又得到了老师和同学们许许多多由衷的祝福。

晚上，爸爸妈妈还为我准备了一顿丰盛的晚餐。

我的生日——一个属于我的节日。

我在日记里，记下了这一切。我长时间地陶醉在那温馨和谐的气氛里。

此刻，当我回忆起过生日的情景，我首先想到了我的妈妈，是她经历了辛劳的孕育、痛苦的分娩，把我迎到这个世界上来的。

我从家庭走向学校。我在老师和同学们的关怀和友爱中长大。

记住自己的生日，记住爸爸妈妈的爱、老师的期望、同学们的祝福，这一切是我生日中最好的礼物。

我的生日——一个和许许多多人联系在一起的日子。

雨后的大森林

太阳照耀着雨后的大森林。

我看见每片叶子上都挂着水珠。

我看见每颗水珠里，都好像藏着一个小小的太阳。

有一只红嘴的小鸟飞来，落在树枝上，它震落了叶子上的水珠。

啊，那一个个小小的太阳都摔碎了吗？怎么我没听到叮叮咚咚的响声呢？

在树下，我找不到水珠，它们悄悄地渗进了泥土。

每一颗雨滴都属于大森林，无论在叶子上，还是在大树下。

61

中秋节的味道

　　我们总是把中秋节的快乐和吃月饼的香甜连在一起。

　　慢慢地，我们又得到了更多的快乐。我们在月光下，仰望着大大的、圆圆的月亮，看见了嫦娥、玉兔，记住了许多有趣的神话传说。

62

màn màn de　　wǒ men yòu dé dào le gèng duō de kuài
慢慢地，我们又得到了更多的快

lè　　wǒ men qù kàn wàng yé ye nǎi nai　　quán jiā rén wéi
乐。我们去看望爷爷奶奶，全家人围

zuò zài yì qǐ　　tīng bà ba mā ma jiǎng shù tā men xiǎo shí
坐在一起，听爸爸妈妈讲述他们小时

hou de gù shi　　tīng yé ye nǎi nai chàng tā men xiǎo shí hou
候的故事，听爷爷奶奶唱他们小时候

de tóng yáo
的童谣。

　　zhōng qiū jié de wèi dào shì xiāng tián de　　kuài lè
中秋节的味道是香甜的、快乐

de　　xìng fú de
的、幸福的。

63

夏夜的星星

我永远不会忘记夏夜仰望满天繁星的情景。

奶奶说:"地上有一个人,天上有一颗星。"从那天开始,我总想找到那相映成趣属于我的星。

然而,满天的繁星总是向我眨着眼睛。我想象天上的小星星,和我一样,有爸爸妈妈,也有很多很多好朋友。它们也一定不愿意离开它们的家园。

我仰望着满天繁星,在心中默默地说:"让我们做好邻居吧!"

我看见满天的星星,向我快乐地眨着眼睛。

伞

下雨了。爷爷打着伞，我们在雨中走着。

我对爷爷说："让我来打伞吧！"爷爷把伞给了我。可是，我太矮了，爷爷不能站到伞下面啊！

怎么办？我真想给爷爷打伞啊！

爷爷想出了一个好主意，他把我放到他的双肩上，再让我打着伞。

啊，快看！我的伞比谁的都高，我好像举着一座高高的小房子，在雨中走着。

夏天的记忆

我好像又看见了我童年时代的那位小姑娘。她和我同龄，她挎着一个小竹篮，走街串巷叫卖冰块。她的叫卖声是清脆的、甜蜜的，像山中的流泉滴落在深潭里。

那是在遥远的酷热的夏天。

她走过一条街，又一条街。她的眼睛微笑着，让人想起晚风吹开枝叶露出明亮的星星。她的步履轻快，像微风里飘过的花瓣。她清脆甜蜜的叫卖声，久久地在人们耳边萦回，一如酷暑里清凉的泉水，滴落在心上。

那是在遥远的酷热的夏天。

如今，当我早已告别了夏天，我却常常忆起童年的梦，我甚至盼望着，有一天我还会遇见那个小姑娘。在我的记忆里，她永远不会长大。

我看见她的竹篮里不再是冰块，而是盛满了鲜花。

一穗穗杨花

窗外的杨树，一面在春寒里颤抖，一面又绽放出了花骨朵。

杨花高高地挂在树枝上，一穗穗，如流苏一般。色彩谈不上美丽耀眼，在我的家乡，却是最早开放的花。

记得小时候，我们都把杨花叫作"羊妈妈"。这里所说的"妈妈"，指的是妈妈哺乳的奶头。

把杨花比作羊的奶头，是很有童趣的。它让我想起，小羊羔仰起头吃奶的情景；还让我想起小时候，邻居的妈妈哄着啼哭的婴儿时，总爱说："来，吃吃'妈妈'，不哭，不哭。"于是，孩子便偎进妈妈的怀里，喷喷有声地吸吮着乳汁。

直到今天，每当春寒料峭的季节，我仰望着杨树上垂挂下来的一穗穗杨花，就感受到童年的快乐和母性的慈爱。

一棵小桑树

自从知道邻居小姑娘在养蚕，并且常常为采不到桑叶而焦虑失眠以后，我外出散步的时候，总希望在哪里能发现一棵桑树，为她采回一把桑叶。

那天，我看见一棵小桑树倒在车辙里。它显然是被马车轧倒的。

车辙不是它的栖身之地。

我把它连根掘起，移栽到我的园子里。

这里的土质很差，但小桑树还是顽强地活下来了，而且长得很健壮。没过几天，它又长出了许多嫩绿的新叶。

我告诉小姑娘，这是我送给她的小桑树。

tā xiào de hěn tián　　tā shuō　　　wǒ dài biǎo wǒ
她笑得很甜。她说："我代表我

de cán　　xiè xie nín
的蚕，谢谢您。"

tā de mù guāng lǐ liú yì zhe zhēn chéng de gǎn jī
她的目光里流溢着真诚的感激

zhī qíng
之情。

wǒ zài xiǎng　　rú guǒ xiǎng bāng zhù yí gè rén
我在想，如果想帮助一个人，

qí shí shì hěn róng yì zuò dào de
其实是很容易做到的。

等待灰鹊

我站在阳台上，眺望着院里的那棵槐树，等待着灰鹊飞来。

每天早晨，它们先是飞来一对，落在枝头叫几声，然后引来三四只；这几只叫几声，又引来一群。那天，我看见树上共落下十八只灰鹊。

它们的羽毛，色彩朴素而美丽，头颈黑色，背部银灰，翅膀和尾羽天蓝色；全身的羽毛，有金属的光泽。

它们的色彩，使我感到亲切，叫声给我带来快乐。

它们每天飞落在庭院里的老槐树上，和居民好像一家人。

72

每天早晨，我都愿意等待着它们的光临，欣赏它们快乐的天性。

如果偶尔有一天，灰鹊没有来，我会若有所失。

我会想，如果庭院里没有树，就没有了生气；树上没有鸟，就失去了灵性。

yuè yuán shí
月圆时

推开窗，我看见一轮圆圆的月亮。

当月圆的时候，我的姐姐却离家远行了。当我望着圆圆的月亮的时候，我越发想念我的姐姐。

都说月亮像一面镜子，真的吗？如果你真的是一面镜子，你高悬在天空，一定能照得见我的姐姐。

你一定能知道她此刻在什么地方，她乘坐的火车跨过多少道山、多少条河啊！

夜晚，她借宿在哪个村寨的竹楼里？

白天，她会在海浪般的山间逡巡吗？她会在山野里采集多少标本啊，她答应为我采集十种杜鹃花的标本，她采集到了吗？

当她走得又渴又累的时候，她也许会捧起山泉美美地喝个够吧！

她也许走到那个遥远的山寨里，在月光下、在椰林里，和那个傣族小姑娘学跳孔雀舞吧？

如果月亮真的是一面镜子，能映照出我离家远行的姐姐的行踪，我愿意有一个漫长的夜晚……

一豆灯火

在漆黑的深夜，你在群山之间赶过路吗？

四野不见灯光，山的影子、树的影子都被夜色吞没了。

夜黑得令人感到窒息啊！

走很远很远的路，也遇不到一个人。

好像这世界在黑夜里缩小了，缩小到只容得下我只身一人。

仰望夜空，却是星斗满天，似乎天上倒是一个璀璨的世界，那儿正是万家灯火的时辰吗？我似乎还听到了那里的市声，和人们此起彼伏的呼应。

我继续在深夜的群山之中行进着。

忽然，我看到了一豆灯火，闪闪烁烁，时明时灭。我感到了我们这世界的宽阔和亲切。

那也许是我遥远的家乡的灯光吧？也许是我不相识的住户深夜不眠的灯光吧？

那灯下的人在做什么呢？母亲在缝制衣衫吗？在哼唱着催眠的歌吗？在伏案写信？还是在读书？我向你们道一声晚安吧！

啊，那一豆灯火，也许是一位高擎着火把的人在前面赶路吧！

我望见了那一豆灯火，就使我疏远了头顶上的满天星斗，它们冰冷、虚无缥缈。而我们大地的灯光，永远是那样亲切、温暖。

月　亮

请你告诉我，你认识我吗？我早就认识你了，你是我天上的朋友，月亮姐姐。

当我走夜路的时候，我也不害怕。因为有你伴随着我。

我走，你也走。

当我走过那片小树林的时候，你也穿过树梢，跟随着我。当我跑过那片草地的时候，你似乎离我更近了。你把明亮的光辉洒了一地，像在草地上泼了一层水银，满地都是亮晶晶的。我看见那一丛丛月光花都开放了。

可是，有时候我觉得丢失了你，你被一片云彩吞没了。我在呼唤你，月亮姐姐，你在哪儿？你走了吗？忽然，你从云彩里又浮游了出来，又追赶着我，把你的光辉洒了我一身，我似乎感到了你的温暖。

我走，你也走。

我觉得，我越走离你越近；我觉得，如果我一直这样向前走，我一定可以走到你的身边；那时候，我做你身边的一颗小星星，你愿意吗，月亮姐姐？

我也会发光的啊！

两个太阳

我继续向前走着，瞭望着远方。

前面的松林里，弥漫着淡蓝色的晨雾。河上的冰还没融化。路边的蔷薇花丛，只剩下稀疏干枯的枝条。

一切都蒙着淡蓝色的雾。

这是一个初春的早晨。

我觉得我是在寻找什么。然而我还没有找到它。我走得很慢。我走过一片松林，又一片松林；走过一丛灌木，又一丛灌木。

到处都是淡蓝色的雾。

忽然，我听见身后传来急匆匆的脚步声，一个甜甜的声音告诉我："快看，快看，太阳出来了！"

我回转身来，看见河对岸的树林里，正升起一轮通红通红的太阳。它让我想起节日里那盏圆圆的、红红的灯笼。

我看见，那唤我的小姑娘，正微笑地望着我。

我还看见，她身后那轮红太阳正冉冉升起，映衬着她容光焕发的圆脸。

我觉得，我找到了两个太阳：一个在天上，一个在地上。

梦中的小窗

这里的早晨，天亮得很晚。

天刚一亮，我就看见窗外盛开着藤萝花。那淡紫色的蛱蝶般的花朵，是这样繁茂地盛开着。它们柔嫩的枝蔓，似乎是在昨夜悄悄地伸进了我的小窗。

它们是不是曾经来到我的梦中呢，带着它们的花香，把我的梦境也染成了淡紫色呢？

然而，我的梦是宁静的。我梦见那遥远的我所熟悉的小窗：窗台上的花还没开。在那儿，天刚刚亮，就晾起了浣洗过的各种颜色的衣服，还有那洁白的手帕在晨风里微微拂动着。看见它，就像看

见鸽子的翅膀，它给我的心中带来一片晴朗的天空。

我梦中的那扇小窗，永远是比此刻窗外的藤萝花更香更美的，因为那是我家的小窗啊！

对大自然的爱

我常常这样想：钟情于大自然，就能把一片叶子培育成一棵盛开着鲜花的大树。

我不认为这是美的呓语。

我相信，当我把深情献给大自然的一草一木的时候，也就是赋予了它们心灵。

有了心灵，就有了真正的生命。

于是，一片叶子也会吐出新芽，伸出新枝，慢慢地长出芽苞，绽开花朵，又结出果实；一棵有心灵的大树，就这样诞生了。它永远和我们息息相通。

爱，就能让一片普通的叶子变成一棵参天大树。爱，就会倾心地去创造。

85

花一样的烛光

在花园里，我们点亮了红烛。园里的玫瑰、星星草、水杉和草地上的青蛙、树上的小鸟，都在烛光里显现了。它们闪动着发光的身影。

那一夜，我们过得很快活，

快活得忘记了烛光的存在。

突然，红烛熄灭了。它是在

我们狂欢的时候燃尽了自己的

生命的。

当它消失的时候，我们才想

起了那花一样的烛光。

我们惋惜它短促的生命。

然而，就在这时候，那曾被烛光照耀过的一切，又都显现了。它们像一个个闪光的小精灵，那玫瑰、星星草、水杉、青蛙、小鸟，连我们的爸爸、妈妈、爷爷、奶奶，都跳起了舞，闪动着他们发光的身影。

烛光没有消失。烛光留在了大家的身上。每个人都像烛光一样美丽。

一个姑娘和两块石头

自从那天她和我一起捡石头以后，她也开始喜欢上石头了。

（当然，她还不懂得欣赏石头的美。）

她常常把捡回来的石头，悄悄地藏在家门外。

（她不敢带回家，爸爸知道了，会训斥她。）

每逢见了我，她就悄悄问我："我捡了块石头，您要吗？"

我知道她捡的石头谈不上美，也不会有什么收藏价值。但是，我不好扫了她的兴致，负了她的好意，只好说："要。"

她兴高采烈地跑回去，取了石头来。

这是一块平平常常、皱皱巴巴的石头。这也难怪，她还是一个缺少审美眼光的小姑娘啊！

我把她送给我的石头，郑重地摆在窗台上。她很高兴。

这一天，她又来找我。这一次，她的小手心里托着一块枣儿大小的石头。她告诉我："这块小石头像一只小鸽子，那圆圆的小洞像它的眼睛。"

说完，她就走到窗台边，把小石头放在那块平平常常、皱皱巴巴的石头上。

顿时，我发现，一只鸽子落在了岩石上。

等待好朋友

儿童游乐园里，最好玩的地方就是那十二生肖彩塑：小老鼠、老黄牛、大老虎……十二个好朋友，有的躺，有的卧，有的站，散布在绿草地上。

它们都在等待着自己的好朋友。

小老鼠等来了属鼠的好朋友。老黄牛等来了属牛的好朋友。大老虎等来了属虎的好朋友……十二生肖中有十一个都等来了自己的好朋友，只有小胖猪孤零零地站在那儿张望着——它的朋友没有来。

下雨了，小胖猪想：今天不会再有人来了。

然而，就在雨越下越大的时候，一个

撑着花伞的阿姨来了。她告诉小胖猪，她那个属猪的儿子今天生病了，不能来了。阿姨还说，等他病好了，一定来。

小胖猪今天虽然没等来好朋友，但它一样高兴。它还为有这样一个懂得诚信的好朋友感到高兴。

我也感谢自己

清晨，在太阳升起以后，我给水仙花注入了干净的清水，然后把它放置在窗外。

你也许会担心它被冻死。其实，它很耐寒。有阳光照着，它的叶子会长得短而粗、肥而厚，而花莛会早早地钻出来。

水仙就是在阳光下和寒冷中开放出它金黄的花朵的。

水仙用它灿烂的笑脸迎着太阳，好像在和太阳对语。它感谢太阳给它光亮、金黄的色泽和芬芳。

而太阳也俯下头来，深情地望着这一朵朵水仙花，像望着她的一群孩子。这些孩子是这样地酷似太阳，除了光亮、色彩，还有这楚楚动人的微笑。

而且，就在今天，我意外地看见盛开的水仙花引来了一只野蜂。它围绕着金黄的花蕊，抖动着透明的翅膀，一次次亲吻着花蕊。而水仙花并没有拒绝它的亲吻，它大大方方地迎接着野蜂礼貌的问候。当那只野蜂离它而去的时候，它轻轻地摇动着身躯，表达着惜别的深情。

真的，在这严冬季节，已经看不到蝴蝶、蚱蜢和蚂蚁了，能有一只野蜂光临，这该是水仙花的节日了吧！

在严寒中，水仙花盛开，已经是奇迹了，水仙花还能引来冬天的野蜂，更是奇迹。

太阳创造着美，美创造着奇迹。

wǒ gǎn xiè tài yáng　　gǎn xiè shuǐ xiān huā
我感谢太阳，感谢水仙花。

wǒ yě gǎn xiè zì jǐ　　wǒ huái zhe chéng yì hé nài xīn
我也感谢自己。我怀着诚意和耐心，

huái zhe hē hù de shēn qíng　　bǎ měi yì duǒ shuǐ xiān huā kàn zuò zhè
怀着呵护的深情，把每一朵水仙花看作这

jiā tíng de yì yuán　　kàn zuò kě yǐ chéng zhǎng de yǒu líng xìng de
家庭的一员，看作可以成长的有灵性的

hái zi
孩子。

tā men yòng měi huí bào wǒ
它们用美回报我。

甜甜的爱心

当叶子落光的时候，枝丫上的柿子便显现出来了，一个个金灿灿的，很耀眼。

我看见，每天都飞来几只小麻雀，落在枝头，围着这鲜艳的果实，跳来跳去，叽叽喳喳地啄食着。

邻居的老奶奶说，这些柿子，她是特意留给小麻雀吃的。

从此，每天清晨，我要做的第一件事情，就是伏在窗前数一数还剩下多少柿子。

昨天是二十一个。

今天是二十个。

明天呢？

97

wǒ zhēn de hěn gǎn xiè lín jū nà wèi lǎo nǎi nai　　zhǐ yīn wèi
我真的很感谢邻居那位老奶奶，只因为

tā yǒu yì kē tián tián de ài xīn　　cái ràng zhè shēn qiū shí jié
她有一颗甜甜的爱心，才让这深秋时节，

zhī tóu suī luò guāng le yè zi　　què yī rán bǎo liú zhe shèng sì
枝头虽落光了叶子，却依然保留着胜似

chūn guāng de měi lì
春光的美丽。

秋风的歌

走向田野，耳边吹过阵阵秋风。

秋风唱起歌，唱着一支我从来没有听过的歌。

一场秋天的音乐会开始了。

秋风唱的是快乐的歌。大家都加入了这秋风的音乐会，金钟儿的歌声是柔细的，蟋蟀的歌声是雄健的，天上的大雁也留下它深情的歌声。

秋风唱的是芬芳的歌。大家都加入了

99

这秋风的音乐会，饱满的豆荚在摇铃，黄澄澄的南瓜在敲鼓，金黄的瓜蔓也弹起了琴弦。

秋夜的月亮也格外圆、格外亮，它早早地就升起来，坐在树梢上，听这秋风的音乐会。

秋风的歌飞过田野，也染上了金黄的颜色，秋风唱的是一首金光闪闪的歌。

生命的呼应

风中的树，融化的雪，窗外的雨，林间的鸟啼……都使我感受到了生命的活力。

因为它们的激情，我的心在搏动，这就是生命的呼应。

让我们携起手，走向风中的树。倾听树和风的交谈，看树与风共舞。

我似乎听懂了枝叶间发出的沙沙的响声，那是它们在交谈。它们看见了我们，好奇地谈论着我们。

它们似乎知道我们的一切，那些愿望，那些梦想，那些秘密。我不怕那些树知道我的一切，因为它们最知道该如何尊重我的内心世界。

让我们携起手，走向融化的雪，寻找雪的精灵。它已变成花，变成草，它是花的芬芳，草的嫩绿。我们来到绿野，采撷鲜花，编织花环。当我给你戴在头上的时候，你容光焕发，像微笑的太阳。当我们躺在草地上仰望蓝天的时候，我们似乎飞翔了起来。

让我们携起手，走向窗外的雨，变成两棵树，就让地下的根相连，让枝上的叶相扶。

变成两颗雨滴，就肩并肩地跳落下来，落在一张圆圆的荷叶上，互相追逐着，最后融成一颗大大的雨珠。

让我们携起手，走向林间，去听百鸟鸣啼。我希望不要惊扰鸟儿的欢聚。不要

把我们当成陌生人，让我们像朋友一样倾听它们的歌声。就在歌声里，让心灵长出翅膀，自由地飞翔。

我们与世界万物呼应着。

秋天的节奏

深秋以来，树上的叶子快落光了。偶尔还能看到树梢上残留一两片黄叶，在秋阳里摇摇摆摆，却也十分耀眼。看着光秃秃的树枝，于秋风萧萧中，常有一种凄美的感觉。

这天早晨，我在林荫道上漫步，突然听到"笃、笃、笃"的敲击声。我知道这是一只啄木鸟在给一棵大树"叩诊"。我驻足仰望，在稀疏的枝干间，寻找那只啄木鸟，果然看到了它。它用它尖尖的喙敲凿着树干。在阵阵敲击声里，我很快感受到了它特有的节奏：笃……笃、笃！笃……笃、笃！

我一时沉浸在这和谐的敲击声中，竟忘记了欣赏啄木鸟头顶的红羽和它坚硬有力的尾羽。我只满足于那铿锵有致的听觉享受。

啄木鸟飞走了，我继续沿着林荫道往前走。但是，在我的脑海中，却再也抹不掉那啄木鸟敲击树干的节奏。而且，我在无意中还发现，我的脚步变得匀称有力，几乎每跨出三步，就走到一棵树旁。我以我有节奏的步子，丈量着树与树之间的距离。

那一天，便因为我脚踏着啄木鸟留在我心中的节奏，我多走了一程，而且感到格外轻松。

日子长了，我感觉我们每天，其实都是生活在"节奏"之中的。

多少早锻炼的人，常常在晨光之中相见。日复一日，成了规律。即使匆匆忙忙的上班族，也会在相同的时刻、相同的车站邂逅，由陌生变得相识。周而复始，让人觉得生活在"节奏"中运行。

铃声冻不僵

冬季很冷。北方，叶落了，花也谢了。鸟的叫声也沉寂了许多。

只有铃声冻不僵。

檐下的风铃，仍像在春风里发出清脆的声响。

古塔上的铁马，也仍像在晚风里发出浑厚的音韵。

只是好久没听到驼铃声了。

铃声使我忘记了冬季，又想起了春天。

铃声永远是温暖的。它喜欢风，风是它的生命。

失离了风的铃，沉默着。它以沉思的静

107

态，回忆着从前唱过的歌。它企盼着一阵风吹来，以歌声欢迎它，又以渐渐邈远的低吟欢送它。

　　冬天里的铃，仍有一颗燃烧的心，等待着风吹燃它的歌。

飞翔的世界

无论是在温暖的阳光下，还是在飘香的春风里，我都看见有无数的翅膀，在花丛，在湖面，在云中，在蓝天，扇动着，滑翔着。

无数彩色的翅膀，蝴蝶的、蜜蜂的、燕子的、翠鸟的、雄鹰的……

它们组成一个飞翔的世界。

它们飞向鲜花，飞向群山，飞向森林，飞向海洋，飞向太阳。

望着它们飞翔，不知不觉地，我似乎也飘动起来。我的两臂变成了双翅，在花丛，在湖面，在云中，在蓝天，翱翔着，翱翔着。

wǒ men de shì jiè　　shì yí gè fēi

我们的世界，是一个飞

xiáng de shì jiè　　zài zhè lǐ　　wǒ xī wàng

翔的世界。在这里，我希望

zì jǐ yě biàn chéng yí gè huì fēi xiáng de

自己也变成一个会飞翔的

hái zi

孩子。

大地的宴会

春天来了，播种的季节到了，拖拉机开始耕犁土地。在隆隆的机声里，田野上翻卷着泥土的浪花。

从远处飞来了乌鸦、灰鹊、红嘴鸥和白鸥，它们散落在刚刚犁过的土地上。

它们不害怕隆隆的拖拉机声，也不害怕脚下翻卷的泥土浪花。它们跟在拖拉机后面向前走着，一边走，一边低下头来寻找着什么，啄食着什么。

休息的时候，我问开拖拉机的叔叔，它们在寻找什么？

叔叔一边拨弄着松软的泥土，一边指给我看，就在新犁开的泥土里，我发现了蚯

蚓、昆虫、虫卵。叔叔说："这是大地招待鸟儿们的宴会啊！"

我知道，随着这欢宴的开始，鸟儿们的音乐会也拉开了帷幕。

小小的希望

我有一个小小的希望。

我真希望有那么一天，小鸟能听懂我的话，我也能学会讲小鸟的话。

那样，我就可以告诉它们：不要往那边树林里飞，那边有个举着猎枪的人；也不要到这里来，这儿有人张着捕鸟的网。

我要和小鸟一起飞到另一片树林里。我躺在林中的草地上，望着我头顶上绿叶间的小鸟，我们用彼此都能听懂的话，交谈着春天、树林、花朵，还有越来越多的花园。

爱阅读
学生精读版
★★★★★

课本里的作家

序 号	作 家	作 品	年 级
1	金 波	金波经典美文：第一辑 树与喜鹊	一年级
2	金 波	金波经典美文：第二辑 阳光	
3	金 波	金波经典美文：第三辑 雨点儿	
4	金 波	金波经典美文：第四辑 一起长大的玩具	
5	夏辇生	雷宝宝敲天鼓	
6	夏辇生	妈妈，我爱您	
7	叶圣陶	小小的船	
8	张秋生	来自大自然的歌	
9	薛卫民	有鸟窝的树	
10	樊发稼	说话	
11	圣 野	太阳公公，你早！	
12	程宏明	比尾巴	
13	柯 岩	春天的消息	
14	窦 植	香水姑娘	
15	胡木仁	会走的鸟窝	
16	胡木仁	小鸟的家	
17	胡木仁	绿色娃娃	
18	金 波	金波经典童话：沙滩上的童话	二年级
19	高洪波	高洪波诗歌：彩色的梦	
20	冰 波	孤独的小螃蟹	
21	冰 波	企鹅寄冰·大象的耳朵	
22	张秋生	妈妈睡了·称赞	
23	孙幼军	小柳树和小枣树	
24	吴 然	吴然精选集：五彩路	三年级
25	叶圣陶	荷花·爬山虎的脚	
26	张秋生	铺满金色巴掌的水泥道	
27	王一梅	书本里的蚂蚁	
28	张继楼	童年七彩水墨画	

序 号	作 家	作 品	年 级
29	张之路	影子	三年级
30	曹文轩	曹文轩经典小说：芦花鞋	四年级
31	高洪波	高洪波精选集：陀螺	
32	吴 然	吴然精选集：珍珠雨	
33	叶君健	海的女儿	
34	茅 盾	天窗	
35	梁晓声	慈母情深	五年级
36	陈慧瑛	美丽的足迹	
37	丰子恺	沙坪小屋的鹅	
38	郭沫若	向着乐园前进	
39	叶文玲	我的"长生果"	
40	金 波	金波诗歌：我们去看海	六年级
41	肖复兴	肖复兴精选集：阳光的两种用法	
42	臧克家	有的人——臧克家诗歌精粹	
43	梁 衡	遥远的美丽	
44	臧克家	说和做——臧克家散文精粹	七年级
45	郭沫若	煤中炉·太阳礼赞	
46	贺敬之	回延安	八年级
47	刘成章	刘成章散文集：安塞腰鼓	
48	叶圣陶	苏州园林	
49	茅 盾	白杨礼赞	
50	严文井	永久的生命	
51	吴伯箫	吴伯箫散文选：记一辆纺车	
52	梁 衡	母亲石	
53	汪曾祺	昆明的雨	
54	曹文轩	曹文轩经典小说：孤独之旅	九年级
55	艾 青	我爱这土地	
56	卞之琳	断章	
57	梁实秋	记梁任公先生的一次演讲	高中
58	艾 青	大堰河——我的保姆	
59	郭沫若	立在地球边上放号	